JN440153

꽃과 밥 사이

이현복 시집

문학의전당 시인선
347

꽃과 밥 사이

이현복 시집

문학의전당

시인의 말

아침마다 몸을 만져보았다.
거울 앞에서

아, 에, 이, 오, 우
입속까지 확인했다.

작은 벌레가 되려고
더 조금씩 먹었다.

더 큰 벌레가 되려고
닥치는 대로 먹어치웠다.

수많은 다리를 가진 그레고리 잠자가
어둠보다 검은 눈으로 보고 있다.

그의 몸속이었다.

2021년 11월
이현복

차례

제2부

제3부

제4부

제1부

뻐꾹새가 우는 풍경

돌배나무에 앉은 뻐꾹새가
제 울음을 가슴으로 뽑아낸다

마늘종 뽑는 손끝에 뻐꾸기 울음이 감긴다
뽑혀 나온 구멍마다 뻐꾸기 울음이 고인다
숙인 등에 뻐꾸기 울음이 쌓인다
마늘 뿌리에 잠자던 매미 굼벵이가
눈 감은 채 뽑혀 나온다

돌배나무와 잎갈나무 사이에서 뻐꾹
마늘 대궁에 구멍은 하나둘 늘어가고 뻐꾹
마늘종 뽑아줘야 알이 굵어진다고 뻐꾹
오목눈이 둥지에 알을 낳아놓고 뻐꾹 뻐꾹

해질녘 어둠이 질 때까지
끼니를 거르고 뻐꾹 뻐꾹 뻐꾹
오목눈이 먹이를 받아먹으며 뻐꾹
봄 산에 뻐꾸기 울음이 고봉이다

연못의 일

연못가 데크 난간에 붙어 물을 내려다본다
물속으로 구름이 흘러간다
세모난 머리가 햇살을 이고 갸웃거린다
한 아이가 돌을 던지자
놀란 버마재비가 몸이 찢어지며 떨어진다
이건 연못의 일이다

순간, 버마재비의 몸을 찢고 나온
연가시가 물속으로 힘차게 헤엄쳐 간다
발레리나 치마처럼 찢어진 버마재비의 몸은
바람에 흔들리며 물 위를 떠다닌다
이 또한 연못의 일이다

남아 있는 버마재비들의 눈빛이 갸웃거린다
뛰어내려, 뛰어내려
버마재비의 도리질은
연가시의 유혹을 이기지 못한다
수면 위에 펼쳐지는 필생의 춤을 바라보며

시선을 거두고 귀를 닫는다
이것은 연못의 일이다

물속에 돌들이 달그락, 달그락
노란 어리연꽃이 구름을 타고 흘러간다
가서는 돌아오지 않는다
이 또한 연못의 일이다

나뭇잎 도서관

보이지 않는 것과
들리지 않는 것 사이에서
나뭇잎들이 나풀거린다

나뭇잎들만의 키
나뭇잎들만의 색깔
나뭇잎들만의 언어

뿌리의 힘으로 꼭 제 입만 한 눈이 돋는다
바람과 햇살이 교차되는 사이로 손바닥이 자란다
양지와 음지 사이가 꽃보다 진하다

어제의 별이 오늘을 다운 받는다
꽃을 클릭하고 새가 날아간다
태양이 햇살을 원심력으로 뿌린다

가을은 책이 피기 좋은 계절이어서
나뭇잎이 새소리로 날아다닌다

숲의 문은 무음으로 연결되고
초록은 초록을 송신 중이다

벌레들이 부르는 구멍의 노래가
나뭇잎 도서관에 쌓인다

눈이 내려서

눈송이를 털며 자리에 앉자
한 남자가 외투를 펄럭이며 창가 쪽에 앉는다
기차는 눈송이에 부딪치며 달리고
남자는 뭉툭한 손으로 그림을 펼쳐든다
눈송이를 따라가던 눈이
정물과 밀도의 깊이를 곁눈질한다

구름이 반쯤 열린 문 사이를 흘러간다
열리는 중인지 닫히는 순간인지
문과 벽이 벌어져 있다

그림 속에는 개미만 한 나무들이 있고
새가 날개를 펼친 채 정지되어 있다
초록 사과는 누군가의 머리에서 나와 허공에 떠 있고
허공에 떠 있는 바위의 무게를
종이 한 장이 받치고 있다

남자는 그림을 말아 쥐고 묵호역에서 내린다

르네는 눈송이 사이로 사라지고 빈자리만 남는다

눈송이마다 한 여자가 태어나고 죽는다
바위 하나가 눈송이에 덮일 때
여자는 돌처럼 일어선다

기차역에선 누군가는 내리고 누군가는 탄다
눈송이는 계속 달리고

봄비

둘레도 없는 숲속 샘물에
멧돼지 가족이 모여들어 목욕을 한다

눈꼬리가 올라간다
송곳니와 코가 실룩실룩 웃는다
새끼들의 분홍 발이 하늘 향해 버둥거린다
몸을 눕혀 질척한 우듬지에 등 비비며 뒹군다
킁킁거리며 덧니를 맞대고 목소리를 치켜 올린다
껑충거리다 생강나무 아랫도리를 냅다 들이받는다
노란 꽃잎이 돼지 등에 우루루 올라탄다
달아나는 놈들 등에 진달래 꽃잎도 엉겁결에 올라탄다
질척한 숲길이 달리는 꽃잎으로 환하다
어린 새끼들이 어깨를 부딪치며
어미 뒤를 따라간다

간지러운 초록들이 봄비를 타고 날아다닌다

사발거미집에 담겨 있는 이슬을 먹을 때

숲속 나무들이
사발거미집에 담겨 있는 이슬을 먹을 때
그 위에 햇살이 고명을 얹어줄 때
바람 후후 불어 골고루 섞어줄 때
똬리 튼 독사도 물지 않았다

이자 내기도 바빠
방세를 내지 못했다
겨울 하늘의 별은 더 멀리 있었다
햇빛은 높은 곳에서만 환하고
달빛도 잠 속에서만 다녀갔다

죽은 나뭇가지에 거미가 집을 지었다
거미와 이슬과 나뭇잎과 나비와
추위 속을 오래 걸었다

별빛에 머리가 파랗게 물들 때까지

나나니벌

벌이 이슬에 젖은 땅바닥을 통통 두드린다
벌의 앞발이 부산하게 흙과 돌멩이 사이를 더듬는다

벌은 날아갔다 날아와 흙을 파낸다
벌은 무수히 구멍을 만든다
벌이 구멍 속에서 흙을 물고 나온다
벌이 날개에 햇살을 묻혀 들어간다
벌이 젖은 돌 알갱이를 물고 나온다
벌이 실뿌리 같은 것을 물고 나온다
벌이 어둠을 물고 나온다

벌이 숲속으로 날아간다
벌이 제 몸보다 큰 애벌레 한 마리 끌고 온다
벌이 왼쪽을 문다 오른쪽을 깨문다
벌이 애벌레를 구멍 속으로 몰아넣는다

애벌레는 필사적으로
구멍 속으로 끌려 들어간다

눈 깜박할 사이였다
종일 집중했던 벌집의 구멍을 놓쳤다
벌이 사라졌다

전화벨이 울린다

죽음을 부르는 노래

뱀은 처음 운 개구리 울음을 기억한다고 한다

개구리가 첫울음 운다 개굴
개구리가 두 번째 운다 개굴 개굴
개구리가 개굴 개굴 개굴 운다
개구리가 개굴개굴개굴개굴개굴개굴
삼태산에서 삼태산만 한 소리로 운다
삼태산만 한 덩어리가 되어 운다

뱀은 처음 운 개구리 울음만을 기억하고
뱀은 처음 운 개구리를 찾아다닌다
뱀은 처음 운 개구리를 통째로 삼킨다
뱀은 처음 운 개구리에 감사한다
뱀은 두 번째 세 번째 운 개구리를 먹지 않는다

새벽 4시
처음 운 개구리는 울음으로 죽음을 부르고
다른 개구리들은 삼태산이 떠나가라 운다

그리고 새매가 뱀을 낚아채 날아갔다
새매는 닥치는 대로 먹는다

소가 꽃을 먹는 풍경

소가 꽃을 먹고 있다
소가 꽃이 되고 있다

속눈썹 너머
커다란 눈망울이 되고 싶은 아이는
꽃과 소를
책가방에 넣고 달아난다
책가방 속에서
수많은 소와 꽃이 태어난다
젖은 눈 속으로
흰 구름과 죽은 꽃들이 지나가고 있다

칠점사

낭골 돌서링을 칠점사가 기이오른다
인기척에 긴 몸을 돌서렁에 스르르 감춘다

해질녘 벗어놓은 양말을 집어 들다 그녀는 손목을 물렸다 먼 병원에 도착한 그녀의 몸속에서 뱀은 시퍼렇게 독이 올랐다 터질 듯 부어오른 그녀가 일곱 번의 혼절 끝에 죽음을 선너왔다 죽은 칠점사의 독이 그녀 몸속에서 꿈틀거렸다 아흐레 동안 달은 새살로 돋아 그녀의 몸속을 비추었다 그녀가 돌아온 계단에 어둠이 내리면 뱀의 눈이 모여들었다 상처는 더디게 아물었다 그녀 핏줄 속에 흐르는 독이 걸음을 옮길 때마다 꿈틀거렸다 그녀의 돌서렁 같은 삶은 뱀보다 징했다

꽃과 밥 사이

호리꽃등애가 꽃 주변을 서성인다
날개가 보이지 않고
몸만 떠 있다

퉁퉁
벙어리 뻐꾹새가 낮게 운다
꽃등애와 바람과 꽃잎 사이로
애벌레 한 마리가 줄을 타고 내려온다

달팽이가 댕댕이 잎에
죽은 듯 몸을 움츠린다
꽃향기에 달팽이 더듬이가 덮인다

왜가리 한 마리가
저수지 수면을 찢고 갈지자로 날아오른다
산허리를 지나
구름 속으로 빠르게 숨는다

꽃과 밥 사이에
슬며시 발을 집어넣는
저녁노을

풀씨 같은 눈만 살아있다

거름더미 속에 웅크리고 있던 뱀의 목에 삽날이 꽂혔다
햇살이 먼저 잘려져 피를 흘린다
긴 몸이 끊어진 아침을 돌돌 말아 삼킨다

풀씨 같은 뱀의 눈이 이슬 밭에 버려진다
잘린 몸을 닭장에 넣어준다
뱀은 피를 흘리며 없는 머리를 들고 기어다닌다
닭들이 겁에 질려 쫓겨다닌다

머리의 기억을 더듬는 것일까
뱀은 한 음의 노래처럼 흘러다닌다
쌀을 씻다가 손가락에 감기는 머리카락에
식은땀이 등줄기에서 구불거린다

물 끊긴 도랑처럼 뱀은 말라가고
오후의 태양은 더 뜨겁게 내리쬐고 있다
온 길을 되감듯 기어다니는 뱀을 쪼며
닭들은 알을 낳는다

뱀은 지금 무엇을 찾는 중일까
풀씨 같은 눈만 시퍼렇게 살아있다

청맹과니의 봄

꽃잎만 한 분홍 속으로
산길이 빨려 들어가고
까치독사가 꼬리를 흔들며 빨려 들어가고
옹달샘이 빨려 들어가고
애벌레가 고물고물 빨려 들어가고
새소리가 빨려 들어가고
참나무 새순이 빨려 들어가고
숲이 통째로 빨려 들어간다

꽃잎 속에 길
꽃잎 속에 뱀
꽃잎 속에 샘
꽃잎 속에 새
꽃잎 속에 충
꽃잎 속에 숲
꽃잎 속에 산
꽃잎 속에 노을이 빨려 들어간다

봄은

청맹과니의 일기장이다

산이 내려와

시골집 마당에 산이 내려와 앉아 있다
고추밭 옥수수밭 통째로 쓸어먹고
배 불뚝 내민 채 시침 뚝 떼고 있다
삽을 무릎 밑으로 넣어도 꿈쩍도 않는다

포클레인이 옆구리를 푹푹 퍼낸다
그제야 붉은 물을 주르륵 흘리며
뿌리째 삼킨 옥수수를 내어놓는다
빨갛게 익은 짓무른 고추를 꺼내놓는다

물이 들었던 자리는 위아래가 없다

마루 밑에는 진흙이 가득하고,
화단에 명자나무 상사화가 진흙을 뒤집어쓴 채
분홍 꽃 모가지 겨우 들고 있다
날개를 폈던 옥잠난초 노루귀 물매화는 흔적도 없다

트럭이 엉덩이를 밀고 와 산을 옮기는 동안

삼태산이 천둥번개에 두드려 맞는다
찢어진 하늘을 잡고 있는 동안
마당에 붉은 진흙물이 고인다

한 열흘 산이 앉았던 자리가 저리 붉다

버들치가 잡히지 않는 이유

물통 속에 손을 넣는다 앞을 못 본 체 태어난 아이가 버려진 길의 어둠 속으로 손을 넣는다 천천히 차가운 어둠에 젖는다 버들치가 아이 손끝을 빠르게 스친다 아이가 놀라 움찔 비명을 지른다 손이 물 밖으로 튕겨 나간다 아이는 다시 손을 넣는다 검은 물속으로 두려움 속으로 손가락으로 어둠을 움켜쥔다 미끄덩거리며 빠져나가는 버들치는 잡힐 듯 잡히지 않는다 버들치는 재빠르게 달아나고 어둠은 악착같이 달라붙는다 아이는 어둠 속에서 어둠을 쫓는다 어둠의 등지느러미 어둠의 꼬리지느러미 어둠의 아가미와 어둠의 꼬리가 아이의 손바닥에서 꿈틀거린다 아이가 환호성을 지른다 아이의 몸이 연꽃처럼 부풀어 오른다 순간 어둠의 바닥이 파닥거린다 아이가 어둠을 들고 깔깔거린다 쫓고 쫓기는 어둠이 하나가 된다 꿈틀거리는 어둠의 입에 아이가 손가락을 넣는다 창문이 터질 듯 소리를 지른다 버들치 입에 손가락을 물린 채 아이가 웃는다 물속의 어둠과 물 밖의 어둠이 접속한다 아이의 손가락 사이로 어둠이 빠져나가고 어둠의 안쪽만 남는다

제2부

고해

거울이 무섭다
내가 거울을 두려워했었나
거울 볼 시간도 없이 날짜들이 지나간다
그 무수한 나를 거울은 기억하고 있을까
열 살의 안나 스무 살의 순영이 서른 살의 누구 엄마
아픈 허리를 끌고 내가 거울 속으로 사라진다
그 무수한 나, 들은 다 어디에 있을까

거울 놀이를 한다
거울마다 무언가 오버랩 된다
한쪽 눈을 찡긋하는 내가
입을 크게 벌려 웃는 내가
입속이 캄캄한 내가
제각각 다른 방향으로 지나간다

거울 속에서
사라진 나, 들이 한꺼번에 튀어나올 것 같다
낯익은 발자국 소리가 들린다

1

1은 외롭고
1은 혼자서도 잘 놀아요
1은 날씬하고
1은 아파요

어떤 1은 빼빼로야
어떤 1은 주삿바늘
어떤 1은 연필이야
어떤 1은 줄자
어떤 1은 가시야
어떤 1은 아파
어떤 1은 따뜻해

1이 1 속으로 들어가고
1이 1 속에서 나와요
1이 1 속에서 신바람이 났어요

초승달과 별 사이를 연필로 쭉 그으면 1

별과 별 사이를 쭉 그으면 1

그렇게 아이는
밤마다 1이 되었어요

그건 물속의 일이었다

하굣길에 우리는 멱을 감았다 돌 옮기는 놀이를 하며 성을 쌓았다 물속에서는 돌도 가벼웠다 동쪽에 쌓았다가 서쪽으로 옮겼고 남쪽에서 북쪽으로 옮겼다 돌과 햇살을 한 번씩 보여 주는 것이 물속의 규칙이었다 물속에서는 못할 일이 없었다 교실을 지어놓으면 송사리 미꾸라지 퉁바구 꺽지가 숨어들었다 미끄덩거리며 빠져나가는 것들이 손끝에서 어룽거렸다 우리는 더 큰 돌들을 옮기고 또 옮겼다 종래는 바위를 옮겼다 그러나 그건 물속의 일이었다 물뱀이 수면을 가로질러 왔다 우리는 물속에서 눈을 뜨고 오래 숨을 참았다 뱀이 지나가면 우리는 깔깔거리며 다시 집을 지었다 물에서 나간 뱀을 새매가 물고 날아갔다 머리 위로 떨어질 듯했으나 새매의 발톱은 뱀을 놓지 않고 강을 건너가고 있었다

노을이 붉었다

가을볕에 풀을 뜯기고 소를 몰고 아이들이 돌아오는 저녁이었다 머루 씨앗을 뱉으며 고삐를 버드나무 가지에 걸쳐놓고 간밤에 멱 감는 누나들의 도랑을 눈 도둑질했다며 낄낄거렸다 누나 따라 나온 귀둥이 손에 고삐를 쥐어주며 허리에 감았다 풀었다 홀쳐매기도 하며 슬몃 내림 장난할 때였다 누군가의 헛발질에 황소 배가 채였다 놀란 황소가 내달리기 시작했다 귀둥이가 매달려 있었다 눈 깜박할 사이의 일이었다 바람도 청년들도 황소를 앞지르지 못했다 논물 보고 가던 주인의 손에 황소는 삼거리에서 멈추었다 저녁 바람의 장난이었을까? 신작로가 흥건하게 젖고 밥 타는 냄새가 마을을 덮었다 고샅길로 부지깽이가 뛰어다녔다 삼대독자를 잃은 울음이 신작로에 질펀했다 침묵을 태우는 노을이 붉었다

초신성

1초마다 터지는 별을 본 적 있니
천 개의 별 만 개의 별 천만 개의 별, 우리
별 부스러기

1초마다 피는 꽃을 본 적 있니
한 송이 백 송이 천만 송이 꽃 속의 우리
꽃 부스러기

1초마다 눈뜨는 벌레의 숨소리 들은 적 있니
벌레의 날개로 하늘을 날아오르는 우리
날개 부스러기

1초마다 돋아나는 이끼를 본 적 있니
아침 햇살과 초록 이슬을 머금은 우리
이슬 부스러기

1초마다 부풀어 오르는 구름 속, 바람 속
어린 왕자와 보아뱀 바오바브나무와 여우인 우리

장미 부스러기

누가 1초마다 죽고 1초마다 살았는가
물과 흙 사이 처음과 마지막의 우리
흙 부스러기

1초가 또 하나의 1초를 낳는 동안
사랑하고 태어나고 죽고 다시 사랑하는
우리

잠자리에 대한 참회

잠자리 꼬리가 심장이었다니

도랑 물소리에 알밤이 투두둑 떨어지는 가을
두 마리 고추잠자리를 잡아 꼬리를 자르고
풀 대궁 양쪽에 꼬리를 꿰어 시집보낸다
잠자리 두 마리가 앞뒤로 흔들리다가
파드득 파드득 날갯짓한다
양쪽 끝에서 서로를 잡아당긴다
앞으로 나가려고
앞으로 나가려고
비틀비틀 제자리를 맴돈다
앞으로 나가려다 반대쪽으로 끌려간다
반대쪽을 향한 두 힘이 파득거린다

더 높이 날아봐
더 멀리 날아봐
아이들이 소리치며 따라간다
새털구름이 노을에 덮여 어두워진다

낮에 본 잠자리 눈이
꿈길에 불쑥 밀고 들어온다

풀섶에 누운 한 쌍의 잠자리를
찬 이슬이 덮어주고 있다
그 잠자리 눈 부릅뜨고 있다
겹눈 속에 투둑 툭 알밤을 낳던 가을 하늘이 들어 있다
잠자리보다 작아진 아이가 있다
그 눈 속에 있다

---

*잠자리는 배가 뒤쪽에 있어서 심장이 꼬리 쪽에 있다.

봄날

신작로가 봄볕에 녹아 질척질척하다
발을 옮길 때마다 진흙이 신발에 달라붙는다
진흙이 발등까지 올라온다

아이들은 어기적어기적 걸으며
몸을 비틀고 두 팔을 휘젓는다

왼발을 끌어다 놓으면 오른발이 빠지고
오른발을 끌어오면 왼발이 빠진다

얼음과 물 사이를 건너가는 아이들
한 아이가 길바닥에 주저앉아 울음을 터트린다

한 아이가 꼬챙이로 흙을 떼어낸다
외발로 서서 큰 돌에 탁탁 털어낸다

흙이 다른 아이의 옷과 얼굴에 달라붙는다

비의 일기

빗방울이 창문을 두드린다

우산도 없이 걷는 시오리 길
빈 도시락을 흔들며 아이들이 빗속으로 뛰어간다
체온이 묻은 빗방울이 길바닥에 떨어진다

아이들의 입에서 샘솟던 이름도 안녕, 아이 등에 꽂히는 빗발도 안녕, 돌멩이에 발을 얹으며 안녕, 지렁이도 갈대숲도 토끼풀도 안녕, 안녕

비가 머리카락을 적시고 속살까지 흐른다 더 젖을 것이 없는 눈으로 하늘을 본다 눈 속으로 날아드는 비, 그 무엇에 닿아야 동그라미가 되는 비, 다시 갈 수 없는 길로 비는 내린다 서성거릴수록 멀어지던 길, 아이들은 수천만 개의 동그라미를 그리며 강을 건너간다

창문을 열고 손바닥으로 비를 받는다
동그라미 안녕!

무지개는 똥색

숲에서 나온 아이들이 그림을 그린다
풀꽃과 가느다란 풀잎을 그리고
돌멩이를 안고 흐르는 도랑을 그리고
벼락 맞아 검게 탄 나무를 그리고
가장자리에 새싹을 그린다

꾀꼬리의 노란 가슴을 그리고
팔색조가 펼친 날개를 그리고
딱새 새끼 노란 부리를 그리고
뜨지 않은 눈을 그린다

무지개 색깔로 숲길을 칠했더니 똥색이 되었어요
우리는 매일 무지개를 누는 걸까요
그럼 밥이 무지개일까요
무지개 똥 흙은 왜 똑같은 색깔일까요
숲길과 무지개 똥 모두 흙인가요
벼락 맞은 나무도 흙이 되면 다시 살아날 수 있을까요
벌레도 꽃도 할머니도

다시 태어나려고 흙이 되는 걸까요

꽃 속으로 들어간 아이들이
무지개와 흙 사이를 날아다닌다

종이가 새가 되는 그 사이

아이가 스케치북에 창문을 그린다
새를 그리고 날개를 그리고 눈과 부리를 그린다
아이는 칼끝으로 새 날개를 오린다
새가 종이를 찢고 날아오른다
첫 비상을 하는 어린 새 날개가 삐뚤빼뚤하다
종이가 새가 되는 그 사이에 겨울나무가 서 있다

아이의 창에 파란 구름 하얀 구름이 떠 있다
색연필 끝에서 풍선들이 서로 포개지며 떠오른다
아이가 오색 실을 풀어놓는다
풍선을 오리던 칼에 베인 구름이 붉게 물든다
하루가 어둠 쪽으로 뜯겨져 나간다

나비는 꽃과 놀아야 해
새싹은 새싹끼리 거미는 거미끼리
별은 별끼리 우리는 우리끼리

아이는 그림을 그린다

창문 속에서 달은 쉬지 않고 차오른다
이건 달을 좋아하는 할머니 집이야
이건 꽃 이건 새 이건 어제의 나야

스케치북에 봄별이 통통 뛰어다닌다

그림자놀이

운동장을 서성거리던 아이가
제 그림자를 쫓아간다 풀섶을 헤치며 뛰어간다
그림자가 먼저 돌멩이에 채인다
바람이 그림자에 붙어 더 빨리 달려간다

아이가 검은 그림자의 손바닥에
제 손바닥을 찜하고 달아난다

그림자가 아이의 웃음을 쫓아간다
아이의 발과 발 사이에 들락날락하며
붙었다 떨어지고 붙었다 떨어지며 뛰어간다
가을 햇살에 콩 꼬투리가 뛰어나간다
풀씨가 아이의 옷자락을 잡고 뛴다

그림자 속에서 그림자가 뛴다
그림자 밖에서 그림자가 뛴다

알 수 없는 리듬

빌레의 울음에 발이 푹푹 빠지고 어둠은 물컹거렸다 혓바닥이 발목을 휘감았다 여기저기서 어둠을 찢는 비명 소리가 점점 줄어들더니 아이들은 노래를 부르기 시작했다 어둠을 만나 친구가 되었다고 작은 어둠을 건너온 아이들은 칡덩굴과 달맞이꽃 밤바람과 별의 친구가 되었다

숲의 아침은 아이들의 웃음이었던가
풀꽃의 입술이 반짝거렸다

아이들이 숲으로 들어가자 나뭇잎들이 날아올랐다 산제비가 나비를 희롱하고 엉겅퀴꽃이 눈짓을 하자 맷밭쥐가 풀잎 사이를 건너갔다 리듬을 타는 햇살 사이에 배고픈 매의 부리가 있었다 어떤 알 수 없는 리듬이 거기 있었다 울음을 숨겨주지 않는 시간이 있었다

우화

아이가 쑥 반대기를 조물락거린다
제 손바닥만 한 쑥 반대기에
하얀 떡가루를 솔솔 뿌린다

눈이 오는 거야
눈이 하얗게 내리는 거야
눈사람이 되려고 쌓이는 거야

눈은 맛있어
눈이 오는 하늘도 맛있어
제 손바닥만 한 하늘을 들고 먹는다

달 속에 하얀 토끼를 먹고
토끼 눈에 박힌 붉은 팥알을 먹고
꽃을 먹고 별을 먹고 똥을 먹는다

제 나이 숫자 6을 먹고
제 이름을 천천히 뜯어 먹는다

내 뱃속에 내가 들어가는 거야?

아이는 쑥 반대기로 만든 울타리에
하얀 떡가루를 뿌려놓고
잠이 든다
그래, 눈이 오는 거야

연밭에서

물을 꺾어 놓은 연밭에 갔습니다
꺾인 물이 꺾어진 그림자를 보고 있습니다
오후의 햇살이 구름 몇 점 데리고
연밭에 어룽거립니다

하트 모양으로 죽은 연들이
칼 모양으로 날 선 연들이
검게 죽은 연들이
각자 제 몸만 한 그림자를 지니고 있었습니다

꺾인 자의 그림자는 꺾여 있고
휘어진 연줄기의 그림자는 휘어져 있었습니다

하트는 그림자도 사랑입니까
칼의 그림자에도 베입니까
노래의 그림자는 눈물입니까

나는 죽은 연들의 그림자에서

사랑도 눈물도 보지 못하고
다만 연밭으로 끝없이 흘러드는 구름과
휘적이는 바람만 보았습니다

노을이 연밭으로 스며들자
꺾이고 휘어진 것들의 막이 내리고
연밭은 칠흑 속에 차갑게 닫혔습니다
별이 내려오는 시간이었습니다

그 모두가 한통속이었습니다

릴라 히트나스*

첫 아이가 태어나던 순간 꽃과 새들이 나와 노래를 불렀다 손을 맞잡고 빙그르 돌며 춤을 추었다 아이가 태어날 때마다 낡은 집은 넓어지고 높아졌다 아이들의 걸음걸음이 꽃이 되고 이슬에 젖은 작은 손이 햇살에 반짝거렸다

강아지와 흙장난을 하는 아이, 의자 속에 웅크려 있는 아이, 바람과 뜀박질하다 꽃 뒤에 숨는 아이, 옷을 벗은 아이, 거울을 보는 아이, 목말을 탄 아이, 자작나무 움트는 호숫가에서 책 읽는 아이,

햇살은 둥글게 퍼지고 그림자들은 서쪽에서 일어나 동쪽으로 누웠다 바람이 아이들의 옷을 입고 하늘을 날아다녔다 햇빛 구름 꽃 노을 별빛 달빛이 스며드는 커다란 자작나무 아래서 그들은 날마다 그림이 되었다

---

*칼 라르손 가족이 살던 집 이름.

제3부

신세계

안경 왼쪽 눈알이 빠져 있다
책상, 책갈피, 잡동사니를 뒤져도 없다
눈알이 빠진 안경을 쓰고 책을 읽는다
문장이 멋대로 잘리고 글씨가 겹쳐진다

한 줄 아래 붙었다가 위에 붙고
몇 글자 뒤로 밀려 꼬리처럼 흔든다
본문이 꼬리에 물려 넘어가지 않는다
말들이 어지럽게 꼬인다
목에 걸린 문장이 넘어가지 않는다
오른쪽 눈에 꼬리의 진액이 달라붙는다

니체가 왼쪽 눈알을 찾아다 준다
도끼로 오늘을 부셔버린다
글자들이 한순간 피를 흘린다
미련에 달라붙은 꼬리들이 사라진다

1g

1g의 모유와
1g의 단잠
1g의 배냇짓에 신생아들의 체중은 늘어난다
엄마 아빠의 눈빛이 1g에 빨려들듯 꽂힌다
1g이 모자라 인큐베이터에 들어간 아기
1g에 생사를 넘나든다

1g의 날개로 새들은 날아오르고
1g의 이슬이 풀잎에 맺히고
1g의 흰 꽃잎이 작은 고추를 내밀고
1g의 지느러미를 흔들며 구피는 정액을 뿌린다
1g의 오이가 오이꽃을 노랗게 물고
1g의 씨방 고깔을 열고 채송화 씨가 달아난다
1g의 흰 X자 무늬 거미줄에
1g의 잠자리가 걸려 파닥거린다

1g의 구름이
1g의 빗방울이

1g의 이슬이

1g의 피가

1g의 어둠과 빛 사이에서 살고 있다

실크로드

습기가 스며든다 온기가 전신을 감싼다
빛이 퍼진다 열하루 만에 눈을 뜬다
식욕이 부풀어 오른다

첫밥을 먹는다 이슬 구르는 소리로
모눈종이 같은 밥을 먹는다
보이지도 않는 고개를 들고 잔다
모눈종이만 한 뱃속을 열고 잔다

한 살의 눈을 뜬다
첫밥을 먹는다 눈 내리는 소리로, 오직 먹는다 한 사흘
고개를 들고 죽은 듯 잠을 잔다
뱃속에 든 것들을 낱낱이 고한다 하루 밤낮

두 살의 눈을 뜬다
첫밥을 먹는다 참깨 터는 소리로 먹는다
뽕잎이 부풀어 오른다 한 사흘
고개를 들고 아주 죽은 듯 잠을 잔다

뱃속을 환하게 열어 보인다

세 살의 눈을 뜬다
쌀밥 자치는 소리로, 입술 부풀도록 먹는다 사나흘
고개를 들고 영원히 죽은 듯 나뭇가지처럼 잔다

네 살의 눈을 뜬다
별이 여울물 건너는 소리로, 나흘을 먹고 잔다
달빛이 잠 속으로 들어온다 하루 밤낮

마지막 눈을 뜬다
뽕나무 줄기에 올라 뽕잎을 갉아먹는다
마알간 몸으로 땅콩 같은 집을 짓는다
몸을 구부리고 두 개의 실을 묶어
홍실 청실을 엮는다

숲에는 애벌레들이 산다

67cm 네덜란드 사람이 죽었다는 자막이 지나간다
바이러스가 난지도의 도시에 밀려온다

떡갈나무 숲에 애벌레들이 산다
나뭇잎 먹이
나뭇잎 집
나뭇잎 잠
초록 숲은 수많은 애벌레들이 지나가도
버릴 것 하나 없다

33억 개의 플라스틱 컵을 쌓으면 달에 닿는다는
신문기사가 쓰레기통에 버려진다
커피숍은 33억 개의 플라스틱 쌓느라 열기가 뜨겁다

산속까지 사람들의 쓰레기가 쌓인다
곧 달에 닿을 것이다

애벌레로 변신한 내가

산겨릅 나뭇잎을 갉아먹는데
산새가 날아왔다
혼비백산 나뭇잎 뒤로 몸을 숨긴다
산새는 왕거위벌레를 물고 훌끔 날아간다
힐끗 던진 냉소가
종알보다 더 아프냐

숲에는 애벌레들이 산다

함박꽃이 꽃잎 하나 내려놓고

노승의 눈빛에 맺혀 있던 함박꽃이
무겁게 고개를 든다

빗자루에 끼여 있는 솔잎이 솔잎을 쓸어 모은다
빗자루에 달라붙은 햇살이 햇살을 쓸어 모은다

함박 피지는 못하고
고요해지고 고요해져서
오히려 즐거운

저 말라비틀어진 등짝에
고요가 붙어 있다는 걸 알았네

공친 날

참나무 아래서 책을 읽는데
나비가 날아와 날갯짓 몇 번에 시를 읽고 간다

나는 글자 사이를 건너지도 못하고 있는데

나비가 날아간 길을 쫓아가다가
능선을 넘는 뭉게구름을 따라가다가
책장 넘기는 바람 소리에 돌아왔다

실잠자리 하얀 버선발로
방울방울 낙관 찍고 간 자리

나비와 바람과 구름 사이를 서성이다가
하루를 공쳤다

뱀의 눈으로 세상 보기

뱀 한 마리가 산길을 가로지른다
나는 발등으로 이슬을 털며
더덕 뿌리 속으로 손을 넣는다
구멍의 혀가 향기 속에서 날름거린다
손끝에 감기는 뱀의 생각을 뽑아버린다

돌 틈에 끼여 있는 더덕 뿌리가 뚝 끊어진다
끊어진 자리에 맺힌 하얀 진을 흙이 덮는다
독사가 꼬리를 흔들며 쳐다본다
구불구불한 나무뿌리가 뱀처럼 우굴거린다
연두와 초록 사이가 골짜기를 덮는다
컹컹 노루 짖는 소리에 하얀 노루삼꽃이 핀다

부도가 난 친구를 위해
월급을 떼어 주고 카드까지 빌려 준 적 있다
처음엔 마다하던 이자도 넣어주며
약속을 지키던 친구가
어느 날부터 전화를 받지 않았다

그너 웃음이 이둠 속에 감겨 있다

어린 독사가 나를 쳐다보며 꼬리를 흔든다
나 여기 있다고

분홍이 되는 순간

베란다 안쪽 또 하나의 유리문
안쪽 테이블에 실같이 긴 몸이 꺼내놓은 분홍 꽃
바람도 없는데 꽃잎이 흔들린다
무엇이었을까
유리와 안쪽 유리 사이로 들어온 햇살이었나
숨죽인 모퉁이마다 꽃잎이 멈칫거린다
꽃의 체온은 정상이다
사랑초의 하트 모양이 점점 펴지고
핑갈의 동굴을 향해 달려가는 분홍 파도
바다를 밀어내는 동굴
점점 흐려지는 분홍
깊이는 알 수 없는 바다와 분홍
왜 여자는 분홍이 되는 순간 짜디짠 바다가 되는가
그 바다 속으로 침몰하는가

장끼

뜨거운 물을 붓는다
두 개의 긴 꼬리를 뽑는다
손끝에 힘을 주어 잡아당긴다
몇 번인가 온몸의 힘이 손끝에 장전된다
쩡쩡 골짜기를 흔들던 울음소리가 뽑혀 나온다
수컷의 위엄이었던 두 개의 긴 꼬리
그 밑에 두 개의 꼬리를 뽑는다
점점 짧아지는 두 개씩의 꼬리가 뽑혀 나온다
숲을 흔들던 긴 울음 가닥들이 뽑혀져 나온다
꽃들의 울음을 업고 날아다녔을까
찬연한 깃털의 위엄이 멈칫거린다
완강했던 수컷이 수려함을 버린다
꽃의 빛깔들이 선연한 깃털
꽃들의 깃털이 내 손을 어루만진다
오른쪽 날개에 박힌 검은 총알
날아온 불덩이에 긴 꼬리가 수평을 잃고
떨어지는 비명을 보여준다
내일의 울음이 목덜미를 놓지 않는다

폭설

눈 덮인 시골집에 꽃 발자국 찍혀 있다
마당을 서성거리다 돌아간 고라니
뒤란에 걸린 시래기 아래 종종걸음을 겹쳐놓았다

겨울은 길고, 고픈 배들이 얼마나 많을까
비탈 밭에 할머니가 우정 남겨놓은 콩 이삭도
칡뿌리 위에도 며칠째 함박눈이 내렸다
고라니 가는 울음이 눈밭에 덮이는 날이었다

비둘기는 하나밖에 모르고
까치는 둘을 알고
까마귀는 셋을 안다는 문장 사이에서

눈 내리는 하늘 향해 몸을 띄우던 새
두 발을 오므려 가슴에 붙이고
나뭇가지를 박차고 날아오를 때
날개가 허공을 접었다 폈을까
허공이 날개를 접었다 폈을까

오래된 편견을 버리려고 새들은 날갯짓에 집중한다
눈보라 뚫고 천등산 박달재를 넘는다
빈손으로 돌아가는 산길에 새벽이 오고 있다

그, 것, 들,

가방 속에 그, 것, 들, 을 넣고 산을 오른다
오를수록 하늘에 닿을 듯 숨이 막혀온다
허공으로 허공으로 그, 것, 들, 에 끌려간다
바위에 붙은 언 마사토에 발이 미끄러지고
시린 손끝이 죽은 나뭇가지를 잡다 구른다
가는 풀뿌리를 잡고 칼바위를 오른다
눈에 덮인 소나무 가지는 찢어져 속살이 허옇고
상처는 송진을 머금고 있다

영하 20도의 칼바람 부는 도락산 정상
눈 쌓인 능선의 차가운 침묵이
박하사탕 같은 향기가 폐 속으로 스며든다
혈관을 타고 온몸으로 흘러든다
어제의 피가 다 빠져나간다
흰 능선과 겨울 하늘을 긴 호흡으로 마신다
손끝을 돌아 발아래로 머리 위로 빠져나가는
그, 것, 들,

산을 내려온다
바람이 가슴을 산 위로 밀어붙인다
무릎을 꺾던 경사를 아기 걸음으로 내려온다
눈보라에 산길은 지워지고
나무들 사이에 그, 것, 들, 이 서 있다

303호는 좋아요

누가 꼬나 박은 것처럼 넘어졌지 모야 무엇이 턱밑까지 주렁주렁 매달렸는데 글쎄 찢어진 입술이었지 모야 이 병원 저 병원 헤매다 성형의사가 꿰매었지 모야 여자는 눈만 깜빡이면서 꿰맨 입술로 종달새처럼 조잘거리고, 간호사는 약봉지를 확인하고, 좋아요 엉덩이에 금이 간 여자는 전깃줄에 걸려 넘어졌다고 착착 감기던 줄이 이상했다고 친구가 곗돈 들고 튄 그날 같았다고, 체온을 재던 간호사는, 좋아요 허리에 쐬꼽을 다섯 개나 박아 쌤빵이가 되얏는디 영감은 고추 두 마끼 더 심는다 하고 자식들은 일 하시면 안 된다 하고 쭈글쭈글한 할머니의 팔에 혈압을 재던 간호사는, 다 좋아요 대상포진에 실려 온 여자는 천지사방에서 화살이 날아온다고 손을 휘젓다가 급기야 링거 병을 맹물이라고 집어던지고 체온을 재던 간호사는 꽥 소리 지르고, 좋아요, 좋아 나는 한 걸음 걷기가 산 하나 넘는 것 같아 왼발에 치악산 오른발에 도락산 허리에 칠갑산이 오지게 붙어 있는 것 같아요, 말이 끝나기 전에 간호사는 링거 줄에 진통제를 놓고, 303호는 다 좋아요, 좋아

뿌리의 낙원

끊어질 듯 가는 실뿌리 끝에
하얀 실뿌리 생기지도 않은 입술이
흙의 가슴을 물고 있다
입김 같은 숨을 나누고 있다

저 숨결이 나무의 중심이었다니
생기지도 않은 입술이 나무를 살리고 있다니
수많은 어둠이, 가시덤불들이 꽃잎이었다니
숨 막힐 듯 막막했던 통증이 꽃향기였다니
바닥이 보이지 않던 절벽이 꽃씨였다니

수많은 숨결과 입술 사이를 지나
차가운 뿌리에 문이 열린다
꽃잎이 반짝거린다
나뭇잎에서 새소리가 흘러나온다

그런 섬이 있다면

이슬을 밟으며 싱그러운 햇살 가득 안고 마을 한 바퀴 돌며 아침인사 나누는
그런 섬이 있다면

서로 바라보며 웃어주는 것이 하루의 일과인

나무에 달린 사과가 몇 개씩 돌아가는지 날마다 세어보는 것이 한 해의 전부인
그런 섬이 있다면

따듯하게 손길 나누는 것이 한 해 농사짓는 일보다 소중한

사람과 사람 사이를 시샘하는 꽃들이 꿀벌을 데리고 와 앞다퉈 뿌리내리는
그런 섬이 있다면

나무는 춤추고 새가 노래하여 바람이 햇살에 미끄러지는

시월 마지막 날쯤 남은 곡식을 들고 와 미처 나누지 못한
것을 부끄러워하는
그런 섬이 있다면

다 비우지 못한 마음 조각을 단풍잎에 꺼내는

큰 바위에 이름을 새기고 먼 수평선을 향해 속죄처럼 우는
그런 섬이 있다면

그 여름의 끝

물돌의 무늬는
물의 처음인가 돌의 처음인가

오래 달라붙은 것들이 서로 떨어지려고 피를 흘린다
운명 교향곡이 물결을 일으킨다

아리아드네의 실타래가 엉켰다 풀어지는 저녁
보이지 않는 것들이 보이는 것들과 몸을 바꾸고 있다

날벌레를 눌러 죽인 손끝에 까만 여름이 붙어 있다

낙엽 흩날리는 숲은 더 적막하다
보이는 대로 보려고 보고 싶은 것을 버린다

자전거가 빠진 시냇가
바퀴에 달라붙은 풀씨가 더 멀리 흘러간다

제4부

나의 온전한 순종

나를 온전하게 기억하는 아버지
나를 온전하게 기억하는 척하던 아버지
나를 온전하게 가르쳤다고 큰소리치던 아버지
나를 온전하게 일으켜 세운 아버지
나를 온전하게 나의 반쪽을 뽑아간 아버지
나를 온전하게 한쪽으로 기울게 하넌 아버지

나의 온전한 순종을
사랑하던 아버지

나를 온전하게 모르던 아버지
나를 온전하게 팽개치고 간 아버지
나를 온전하게 잘라낸 반쪽의 아버지
나를 온전하게 남겨두고 간 아버지
나를 온전하게 슬프게 한 아버지
나를 온전하게 미치게 한 아버지

진달래 밭에 자꾸 눈이 간다

앞산 벼랑 끝 진달래 밭에 문둥이가 산단다
울지 말아라 문둥이가 잡아가면 어쩌누,

잠 트집에 앙앙 울어대는 아침이면
아버지는
— 저런 입속으로 해가 자꾸 들어가는 걸 배 터지면 어쩌누,
나는 냉큼 입을 다물었다

진달래 밭에 자꾸 눈이 간다

반달이 앞산을 넘도록 잠 트집이 깊어지면
아버지는
— 저런 네가 반쪽인 줄 알고 반달이 꿀꺽 삼키고 산을 넘어
가면 어쩌누,
나는 두 눈을 질끈 감았다

진달래 밭에 자꾸 눈이 간다

강물이 낮은 곳으로 더 낮게 흘러갔다
은하수를 건너던 별이 앞산 너머로 떨어졌다

염주 알

염주 알에 엄마 체온이 묻어 있다
염주 알 사이에 엄마의 기도가 묻어 있다

“몸 아끼지 마라, 앞서지 마라,
참고 또 참아라, 이슬 밟듯 살아라.”

엄마는 양손을 무릎에 얹고
염주 알을 굴린다
머리맡에 돌탑처럼 쌓인
자식들의 이름을 세운다
늘어진 배와 처진 가슴으로 팔 남매 빚어내고
안으로 끌어안고 매몰차게 밀어내던 마음만 두고
염주 알, 삼도천 건너가셨다

짜그락짜그락
천 개의 염주 알이 가슴에 박힌다

꽃무늬 요강

민속촌 초가집 툇마루 밑에
청자 꽃무늬 요강이 놓여 있다

아들은 아랫목 딸들은 윗목 가운데 누운 엄마의 양팔을 베고 잠을 잤다 잠결에 나지막이 엄마~ 부르면 기다렸다는 듯 머리맡 요강을 손끝으로 톡톡 두드렸다 어둠 속에 묵직하게 앉아 있던 그 요강은 엄마의 엉덩이 같았다 아침에 눈뜨면 아버지 자리는 늘 비어 있었다 엄마는 빨래를 씻고 와 방망이로 마루 끝을 콩콩 두드리며 우리를 깨웠다 숲속 새집처럼 아침이 재잘거렸다

이제 그 달큰한 어둠은 어디에도 없다 냉장고 공기정화기 가습기 티브이가 밤새 눈을 깜박거린다 저 빨간 눈들을 꼭 감겨주고 싶다 어둠도 아닌 어둠에 잠을 설친다 낡음낡음한 어둠에 도랑 물소리가 새어 들어온다 저 물소리를 거슬러 가면 어둠의 집이 있을까 눈을 감고 어둠을 더듬거린다

청자 꽃무늬 요강에 달큰한 어둠이 담겨 있다

마지막 동정을 달며

저고리 앞섶에 바늘을 꽂는다
한 땀 한 땀 왼쪽 어깨 깃을 세우고
목선을 돌아 양 어깨에 각을 세운다
오른쪽에 동정 선을 세운다
귀를 맞추고 안쪽으로 손을 넣어 실 끝을 홀친다

귀가 맞아야 좋은 일이 생긴다고
동정 달기는 언제나 내 차지였다
어설픈 손끝이 바늘에 찔려 피 묻은 동정
귀가 맞지 않아 어긋난 동정
구겨진 동정을 인두로 꾹꾹 다려 마름질한다
아버지 생애 끝에 바늘을 꽂는다

바늘구멍으로 아버지의 밤길이 보인다
바늘구멍으로 강물을 건너가는
바늘구멍으로 칼바람을 안고 산을 넘어가는
바늘구멍에서 아버지 냄새가 난다

송판을 켜시면 눈발처럼 흩날리던 톱밥 냄새
달라붙던 송진 냄새, 땀 냄새, 술 냄새, 약 냄새
혼자 돌아가시는 새벽을 젖은 바늘귀가 훌친다

연기의 끝을 가만히 감치며
골무꽃 핀다

거꾸로여덟팔나비

꽃들이 먼 언덕을 넘어
하늘에 닿을 듯 말 듯 줄지어 가고 있다

나비는 천리 밖 꽃향기를 더듬이로 찾아간다
그 꽃이 건너간, 그 나비가 날아간,
그 하늘은 어디에 있을까
긴 장마에 꽃잎과 날개가 젖어 있다

TV를 틀어놓고 젖은 시금치를 다듬는다
화면 가득 들소 떼 지나가고
거꾸로여덟팔나비 한 무리가
건기 지나가는 흙바닥에 앉아 물기를 빨아먹는다
더듬이가 더운 바람을 감지한다
열기가 희미한 꽃향기를 더듬는다
짓무른 시금치를 다듬는 손끝이 퍼렇다

시간의 어디쯤에서 시금치는 짓물렀을까
그녀는 무릎이 짓물러 수술도 못했다

통증도 팔자라고 무릎으로 허공을 밟으며 꽃을 따라갔다

팔자를 거꾸로 세우면 통증이 사라질까
앞으로 날아도 뒤로 날아도 거꾸로여덟팔나비
아래로 날아도 위로 날아도 거꾸로여덟팔나비

그녀가 짓무른 무릎으로 날아갔다

백덕산 도깨비

길을 가고 있었지 길이 점점 좁아진다고 생각했을 때 어떤 짐승이 따라오는 거 같았지 길은 점점 좁아지고 가까워지는 짐승의 숨소리는 점점 크게 들렸지 내가 서면 그도 서고 내가 걸으면 그도 걸었지 그 사이로 밤안개가 스멀스멀 기어다녔지 천지를 분간할 수 없었지 더 이상 한 발도 옮길 수 없는 길 끝에서 담배를 피워 물었지 벼랑 끝으로 사라지는 연기 사이로 언뜻언뜻 길이 보였지 백덕산 능선은 그날 유난히 붉었지 노을과 어둠 사이에 뿔이 하나 서 있었지 커다란 검은 입이 노을을 삼켰지 등잔 앞에 앉아 목화씨를 빼는 엄마의 그림자가 지붕 밖까지 흔들리고 있었지 새벽녘 돌아온 아버지는 땀에 범벅이 되어 있었지

백년의 봄

마지막과 처음 사이로 차갑게, 벚나무 가로수 꽃잎 사이로 가신다 기골이 장대했던 백년의 꿈 버리고 햇빛을 지나 어둠 속을 가신다

창문이 열린다
확인하세요

천도에서 나온 아버지가 백년을 걸어온 무릎뼈가 호랑이 같던 눈빛이 사라진 호통 소리가 하얗다

어떻게 빻아 드릴까요

아버지의 무릎과 척추가 쿵쿵 지축을 흔든다
마지막 봄의 뚜껑을 닫는다

연대기

세탁기 버튼을 누른다
불이 켜진다
옷가지 돌아가는 소리가 겨울 강물 소리 같다

엄마는 물가에 앉아 꼬질꼬질한 옷가지들을 강물에 흔들어 빨았다 언 돌에 옷가지를 얹어놓고 방망이를 두드렸다 빨갛게 언 손으로 빨래를 헹궜다 주머니를 뒤집고 소매 끝을 문질렀다 뚫어진 양말 구멍으로 떨어지는 물에 엄마 발이 젖었다 나는 발밑에 짚단을 깔아 드렸다 아버지의 바람기에 백리 천리 달아나던 마음을 헹구던 손이 꽁꽁 얼었다

건조기에 빨래를 넣고 버튼을 누른다
다림질 코스에 불이 들어온다

빨래 대야를 머리에 이고 엄마가 눈 쌓인 논둑을 걸어온다 쨍 금이 갈 것 같은 겨울 하늘 사이로 온다 대야에 얹어진 방망이를 툭툭 건드리며 온다 터진 손등으로 쩍쩍 얼어붙은 빨래를 털어 널면 옷가지들이 뻐덕뻐덕 울었다 옷소매 끝에서

떨어지던 눈물이 고드름으로 단단해졌다

소쩍소쩍 건조기가 운다

목련꽃 바이러스

목련꽃이 병실 창밖에서
뽀얀 가슴 풀어헤치고 있다

배꼽이 빨갛게 부풀어 올랐다
의사는 바이러스라고 한다

동그랗게 떨어지는 빗방울을 세어보다
무심코 빨간 신호등을 건너간다
자동차 경적 소리가
온몸을 때리고 지나간다
목련꽃 안쪽으로 주저앉는다

어머니 보내고 미역국을 먹는다
탯줄 잘린 자리에 자꾸 손이 간다
잘려져 나간 자리가 붉다

세상은 텅 비었다

배꼽에 피부 연고를 바른다
창을 닫을 때마다 하얀 꽃잎이 열린다
그 안쪽으로 휜 약지 손가락이
잠을 설치며 침을 발라준다

어머니 눈빛이
목련꽃 송이마다
맺혔다 떨어지고 또 맺힌다
꽃잎마다 끊긴 탯줄이 젖어 있다

꼴

칠면초 붉은 뿌리를 흔들던 파도에
꽃 한 뿌리가 실려 간다
철썩철썩
제 몸 때리는 바다 끝이 하늘에 닿아 있다

떠날 줄 알면서도
내 꼴을 먼저 닦느라
늘 뒷전이었던 엄마

풀 한 잎 한 잎의 초록이
소의 아침이 되고
크고 작은 저마다의 숨소리들
꼴과 꼴값의 하루가 차갑고 뜨겁다

홀몸으로 삼팔선을 넘어와
물골*로 흐르던 어머니
오만 가지 꼴 사이를 건넌 아흔셋
그 뿌리를 물고

노을 진 바다를 물고
바닷새가 운다

왜?
왜?
왜?

---

*밀물과 썰물의 흐름이 세찬 곳.

사랑의 그래프

박달재를 넘으려면 붕어싸만코를 사야 한다
싸만코 껍질을 벗기며 우리는 산을 넘어가리라

그는 붕어의 지느러미와 가슴을 뜯어 먹고
나는 차가운 붕어 입술에 내 입술을 대리라

꼭 다문 입술을 살짝 깨물면
달콤한 크림 같은 전류 같은,
석류즙 같은 것이
내 입술을 먹으리라

박달재 긴 터널을 지나간다
붕어싸만코가 녹는다
입술이 사라진다

개다래덩굴꽃이
허옇게 몸을 뒤집는다

등이 붙은 사랑의 그래프는
끝없이 올라간다

세상은 등을 보이지 않는다

몽은(夢恩)

이 새들은 다 어디서 왔어요? 어디로 가는 길이유? 밥이나 든든히 먹고 가요, 그 먼 길 어떻게 가시려구?

평생 새가슴으로 살아온 엄마는 밥 타령만 하다 아버지를 보냈다

북쪽으로 새가 날아가면 배가 고프다고
창문 열고 새를 기다리던 엄마
웃음도 울음도 아닌 말 종일 중얼거린다

새 혓바닥만 한 힘만 있어도 산다

도랑물이 명치끝으로 흘러드는 청량한 숲길
목단 꽃향기 날리는 몽은(夢恩)

해설

저 푸르른 자연의 속

—이현복 시집 『꽃과 밥 사이』 읽기

오민석 문학평론가·단국대 교수

1.

영국 낭만주의 시인 워즈워스(W. Wordsworth)가 늙어서도 어린아이였을 때처럼 무지개를 보고 가슴이 뛰지 않으면 차라리 죽는 게 낫다고 했을 때, 워즈워스는 무엇을 그리 소망했을까. 나이를 먹으며 사라져가는 것은 무엇일까. 유사한 경험과 느낌이 오래 반복되면 지각은 습관화 혹은 자동화된다. 그리하여 하늘 아래 더 이상 새로운 것이 없을 때, 우리의 지각 능력은 사망 상태에 이른다. 쉬클로프스키(V. Shklovsky)의 그 유명한 '낯설게 하기(defamiliarization)'의 개념은 습관화 혹은 자동화에 대한 예술적 저항, 즉, 너무나 친숙해서 느낄 수 없는 것을 새롭게 느끼게 하는 예술의 기능을 의미한다. 그에

따르면, 톨스토이는 뻔한 사물을 낯설게 하기 위하여 사물의 이름을 사용하지 않고 그것을 마치 처음 보고 있는 것처럼 묘사했으며, 사건을 묘사할 때도 마치 그것이 처음 일어나는 것처럼 다루었다.

이런 관점에서 볼 때, 이현복은 축복받은 시인이다. 그녀는 사물에 언어의 옷을 입히기도 전에 이미 그것의 속내와 생생하게 내통하고 있는 감성의 소유자이다. 그녀의 시들을 읽다보면, 모든 것이 새로움과 신비와 공포로 가득 차 있던 유년의 감성이 저절로 소환된다. 모더니즘과 포스트모더니즘의 온갖 실험을 이미 다 거쳐 온 이 시대에, 작가나 독자들의 감성이 갈수록 닳고 닳아 노회해지고 있는 이즈음에, 이현복 시인은 정반대의 길로 치고 나간다. 그녀는 장식과 해석을 최대한 배제함으로써, 세계를 경험되거나 훼손되지 않은 최초의 장면처럼 제시한다.

둘레도 없는 숲속 샘물에
멧돼지 가족이 모여들어 목욕을 한다

눈꼬리가 올라간다
송곳니와 코가 실룩실룩 웃는다
새끼들의 분홍 발이 하늘 향해 버둥거린다
몸을 눕혀 질척한 우듬지에 등 비비며 뒹군다

쿵쿵거리며 덧니를 맞대고 목소리를 치켜 올린다
껑충거리다 생강나무 아랫도리를 냅다 들이받는다
노란 꽃잎이 돼지 등에 우투두 올라단다
달아나는 놈들 등에 진달래 꽃잎도 엉겁결에 올라탄다
질척한 숲길이 달리는 꽃잎으로 환하다
어린 새끼들이 어깨를 부딪치며
어미 뒤를 따라간다

간지러운 초록들이 봄비를 타고 날아다닌다

—「봄비」 전문

봄비 내리는 숲속 샘물에서 멧돼지 가족의 목욕 장면을 몰래 바라보는 화자의 시선엔 경험과 개념과 가치의 더께들이 쏙 빠져 있다. 이현복은 대상에 자신의 가치와 지식, 해석과 판단을 가능한 한 투사하지 않음으로써 대상의 원초적 자산을 풍요롭게 살려낸다. 어린아이처럼 단순한 무경험의 시선으로 자연을 바라볼 때, 자연은 그 경이로운 속내를 스스로 내보인다. 그녀의 많은 시가 자연의 세계를 다루고 있음을 고려할 때, 그녀의 이런 전략은 매우 효과적이다. 왜냐하면 자연은 설명이 필요 없이 이미 그 자체 엄청난 생명력과 아름다움의 보고이기 때문이다. 해석의 매개 없이 거리를 두고 카메라를 들이댈수록, 자연은 원시적 생명력을 더욱 날이 드러낸다. 봄비 속에서 재갈재갈 목욕을 즐기다가 실수로 생강나무를 들이받고 쏟아지는 노란 꽃잎들에 놀라 달아나는 멧돼지들의 등 위에 덤으로 쏟아지는 진달래 꽃잎으로 "질척한 숲길"이 환해지는 모습은 얼마나 경이로운 아름다움인가.

호리꽃등애가 꽃 주변을 서성인다
날개가 보이지 않고
몸만 떠 있다

퉁퉁
벙어리 뻐꾹새가 낮게 운다
꽃등애와 바람과 꽃잎 사이로
애벌레 한 마리가 줄을 타고 내려온다

달팽이가 댕댕이 잎에
죽은 듯 몸을 움츠린다
꽃향기에 달팽이 더듬이가 덮인다

왜가리 한 마리가
저수지 수면을 찢고 갈지자로 날아오른다
산허리를 지나
구름 속으로 빠르게 숨는다

꽃과 밥 사이에

슬며시 발을 집어넣는

저녁노을

—「꽃과 밥 사이」 전문

표제작인 이 작품에서도 시선의 개입은 최대한 배제된다. 마치 다큐멘터리 카메라처럼 시인은 자연물들과 거리를 갖고 그것들이 스스로 움직이게 놔둔다. 시인이 하는 일은, 자연을 개념으로 평면화하지 않고 생생하게 살아 움직이게 놔두는 것이다. 그러면 자연은 아무런 연출도 없이 자신의 드라마를 완성해 나간다. 호리꽃등애, 꽃, 벙어리 뻐꾹새, 애벌레, 달팽이, 왜가리는 아무런 각본도 없이 바람, 저수지 수면, 산허리, 구름, 저녁노을을 배경으로 자신들의 서사를 펼쳐 나간다. 주연도 조연도 없이 모두가 주인인 이 드라마는 어떤 인위적 기술의 동원으로도 흉내 낼 수 없는 아름다운 풍경을 보여준다.

시인은 왜 이런 자연-풍경들을 독자들에게 보여줄까. 시인은 독자들에게도 아무런 태도나 역할을 강요하지 않는다. 시인은 그냥 이런 장면들을 제시할 뿐이다. 그러나 독자들이 이런 원초-자연을 목격할 때 저절로 어떤 치유의 상태에 들게 되는 것은, 있는 그대로의 자연이야말로 최초의 것이며, 궁극적으로 돌아가야 할 것이고, 지켜야 할 것이기 때문이다. 문명과 문화의 때가 두꺼워질수록, 원초적 장면은 더 큰 힘을 갖는다. 왜냐하면 그것이야말로 모든 생명의 기원이며, 이유이고, 동력이기 때문이다.

2.

이현복은 자연의 '아름다움'만 보여주지 않는다. 만일 아름다움만 보여준다면 그녀는 '자연의 자연스러움'을 훼손하는 낭만주의자가 될 것이다. 해석의 개입이 없을 때, 자연은 자연의 문법을 가장 자연스럽게 드러낸다. 자연은 하나의 거대한 유기체여서 그 내부의 문법을 통해 개체들의 생명을 유지하고, 죽이고, 재생산한다. 스스로 존재를 유지해야 하므로 자연은 내부의 어떤 것을 다른 것에 먹이로 내어줌으로써 순환과 생산을 반복한다.

연못가 데크 난간에 붙어 물을 내려다본다
물속으로 구름이 흘러간다
세모난 머리가 햇살을 이고 갸웃거린다
한 아이가 돌을 던지자
놀란 버마제비가 몸이 찢어지며 떨어진다
이건 연못의 일이다

순간, 버마제비의 몸을 찢고 나온
연가시가 물속으로 힘차게 헤엄쳐 간다
발레리나 치마처럼 찢어진 버마제비의 몸은
바람에 흔들리며 물 위를 떠다닌다
이 또한 연못의 일이다

남아 있는 버마제비들의 눈빛이 갸웃거린다
뛰어내려, 뛰어내려
버마제비의 도리질은
연가시의 유혹을 이기지 못한다
수면 위에 펼쳐지는 필생의 춤을 바라보며
시선을 거두고 귀를 닫는다
이것은 연못의 일이다

물속에 돌들이 달그락, 달그락
노란 어리연꽃이 구름을 타고 흘러간다
가서는 돌아오지 않는다
이 또한 연못의 일이다

—「연못의 일」 전문

연가시를 잡아먹은 버마제비, 돌을 던져 그것을 죽이는 아이, 터진 동료의 몸에서 나온 연가시를 먹기 위해 달려드는

다른 버마재비들, 이것들은 모두 자연의 순환고리를 차지하고 있는 개체들이다. 자연은 먹이사슬이라는 폭력의 규칙 없이 유지되지 않는다. 그러므로 시인은 어찌 보면 끔찍해 보이는 이 참사를 "연못의 일"이라고 모든 연의 마지막 행에서 못박아 말한다. 자연의 일에 인간의 감정을 투여하고 그것을 인간의 입장에서 다시 해석하는 것이야말로 주관성의 횡포이다. 시인은 자연을 관찰하면서도 그것과 비판적 거리를 유지한다. 그것은 인간인 '나'의 일이 아니라 "연못의 일"이기 때문이다. 자연을 대하는 시인의 이런 태도는 그녀를 '감상적 오류(pathetic fallacy)'에서 한참 벗어나게 도와준다. 그녀는 감정의 이입을 최대한 경계함으로써 주관-과잉일 수도 있을 서정시의 함정에서 벗어난다.

뱀은 처음 운 개구리 울음을 기억한다고 한다

개구리가 첫울음 운다 개굴
개구리가 두 번째 운다 개굴 개굴
개구리가 개굴 개굴 개굴 운다
개구리가 개굴개굴개굴개굴개굴개굴
삼태산에서 삼태산만 한 소리로 운다
삼태산만 한 덩어리가 되어 운다

뱀은 처음 운 개구리 울음만을 기억하고
뱀은 처음 운 개구리를 찾아다닌다
뱀은 처음 운 개구리를 통째로 삼킨다
뱀은 처음 운 개구리에 감사한다
뱀은 두 번째 세 번째 운 개구리를 먹지 않는다

새벽 4시
처음 운 개구리는 울음으로 죽음을 부르고
다른 개구리들은 삼태산이 떠나가라 운다

그리고 새매가 뱀을 낚아채 날아갔다
새매는 닥치는 대로 먹는다

—「죽음을 부르는 노래」 전문

이현복은 또한 짧은 서정시에 시-중-종의 내러티브를 집어넣는 기술을 가지고 있다. 그녀의 많은 시가 이런 식의 '이야기'를 가지고 있다. (그러다 보니 자꾸 전문을 인용하게 된다.) 이 시는 개구리-뱀-새매 사이의 지극히 당연한 먹이사슬을 그리고 있지만, 그 과정은 간단하지 않다. 2연에서 개구리들은 우는 순서대로 "개굴"의 수를 점점 늘려간다. 그것은 아직 죽음이 닥치지 않은 상태에 있는 생명체들의 평화롭고도 아름다운 합창처럼 울려퍼진다. 그러나 그 아름다운 합창 중 가장 앞선 노래는 “죽음을 부르는 노래”이다. 죽음은 평화와 행복 속에도 숨어 있다. 시인은 개구리의 울음을 통해 생명/죽음의 동시성을 리얼하게 보여준다. 이때에도 시인은 설명이나 개념이 아니라 대상의 소리와 모습을 그대로 옮기는 쪽을 택한다. 이 역시 자연에 대한 해석적 개입을 최대한 없애려는 시인의 태도에서 나온 것이다. 셋째 연은 먹이사슬의 중간자인 뱀이 하위자인 “처음 운 개구리”를 대하는 구체적인 태도들을 언급하고 있다. 이런 것들은 먹이사슬 안에서의 ‘먹고 먹힘’의 불가피성을 자연스레 수용하게 만든다. 이것은 자연물들의 우화처럼 보이지만, 모든 우화가 그러하듯이 같은 원리가 가동되는 인간의 세계를 투영한다.

3.

자연에 대한 해석-문화의 더께를 가장 적게 가지고 있는 존재는 어린아이이다. 그러므로 이 시집에 유년의 서사가 많이 나오는 것은 매우 자연스럽다. 2부의 시들은 대부분 유년의 기억을 소환하는 것들인데, 여기에 등장하는 아이들은 자연의 지배자가 아니라 자연 속에서 자연의 일부인 존재들로 묘사된다.

신작로가 봄볕에 녹아 질척질척하다

발을 옮길 때마다 진흙이 신발에 달라붙는다
진흙이 발등까지 올라온다

아이들은 어기적어기적 걸으며
몸을 비틀고 두 팔을 휘젓는다

왼발을 끌어다 놓으면 오른발이 빠지고
오른발을 끌어오면 왼발이 빠진다

얼음과 물 사이를 건너가는 아이늘
한 아이가 길바닥에 주저앉아 울음을 터트린다

한 아이가 꼬챙이로 흙을 떼어낸다
외발로 서서 큰 돌에 탁탁 털어낸다

흙이 다른 아이의 옷과 얼굴에 달라붙는다

—「봄날」 전문

인간도 자연의 일부이므로 시인은 아이들을 묘사할 때도 다른 자연물을 재현할 때와 하등 다를 바 없는 자세를 취한다. 시인은 해석의 개입이 없이 "봄볕에 녹아 질척질척"한 "신작로"를 힘겹게 걸어가는 아이들의 모습을 보여준다. 힘들어

우는 아이나 꼬챙이로 흙을 털어내는 아이나 모두 "봄날"의 축제 속에 있다. 한 아이가 털어낸 흙이 "다른 아이의 옷과 얼굴에 달라붙는" 장면은 문명의 개입을 통해 자연 밖의 편리를 추구하는 '문화'와는 거리가 먼 풍경이다. 그것은 자연의 '자연스러운 불편함'을 함께하는 자들만이 공유할 수 있는 즐거운 소란이다.

숲에서 나온 아이들이 그림을 그린다
풀꽃과 가느다란 풀잎을 그리고
돌멩이를 안고 흐르는 도랑을 그리고
벼락 맞아 검게 탄 나무를 그리고
가장자리에 새싹을 그린다

꾀꼬리의 노란 가슴을 그리고
팔색조가 펼친 날개를 그리고
딱새 새끼 노란 부리를 그리고
뜨지 않은 눈을 그린다

무지개 색깔로 숲길을 칠했더니 똥색이 되었어요
우리는 매일 무지개를 누는 걸까요
그럼 밥이 무지개일까요
무지개 똥 흙은 왜 똑같은 색깔일까요

숲길과 무지개 똥 모두 흙인가요
벌락 맞은 나무도 흙이 되면 다시 살아날 수 있을까요
벌레도 꽃도 할머니도
다시 태어나려고 흙이 되는 걸까요

꽃 속으로 들어간 아이들이
무지개와 흙 사이를 날아다닌다

—「무지개는 똥색」 전문

이 시는 유년의 서사를 다룬 시들 중에서도 가장 아름다운 경지를 보여준다. 이 시에서 아이들과 풀꽃, 돌멩이, 도랑, 나무, 새싹, 꾀꼬리, 팔색조, 딱새 새끼, 숲길들은 경계 없이 섞여 있다. 3연에서 "무지개 색깔"은 "똥색"이 되기도 하고, 무지개는 밥이 되거나 똥이 되기도 한다. 화자는 "무지개 똥 흙은 왜 똑같은 색깔"이냐고 묻는다. "숲길 무지개 똥 모두 흙인가요"라는 진술은 의문의 여지를 남겨두는 겸허한 자기-대답이다. "꽃 속으로 들어간 아이들이/무지개와 흙 사이를 날아"다니는 모습은 샤갈의 그림처럼 환상적인 아름다움을 보여준다. 자연 속에서 기표들 사이의 경계들이 완전히 무너지고, 기의와 기의들이 마구 뒤섞이는 풍경은, 더없이 행복한 유토피아의 모습이 아니고 무엇인가. 시인은 이런 작업조차도 의도를 드러내지 않고 그저 풍경을 보여줌으로써 해낸다.

4.

이 시집은 뒤로 갈수록 인간에 관한 이야기를 점점 더 많이 끌어들인다. 1부가 거의 자연물들의 재현에 집중한다면 (그래서 일종의 우화라 부를 수 있다면), 2부에서는 자연 속에 주로 어린아이들을 호출하고, 3부에서는 자연 속에 성인의 시선을 더 많이 끌어들인다. 4부의 시들은 대부분 시인의 아버지와 어머니에 관한 이야기를 담고 있다. 부모에 관한 시인의 기억은, 가난과 분단을 배경으로 한, 고난스러우면서도 애틋한 그리움으로 가득하다.

앞산 벼랑 끝 진달래 밭에 문둥이가 산단다
울지 말아라 문둥이가 잡아가면 어쩌누,

잠 트집에 앙앙 울어대는 아침이면
아버지는
—저런 입속으로 해가 자꾸 들어가는 걸 배 터지면 어쩌누,
나는 냉큼 입을 다물었다

진달래 밭에 자꾸 눈이 간다

반달이 앞산을 넘도록 잠 트집이 깊어지면

아버지는

—저런 네가 반쪽인 줄 알고 반달이 꿀꺽 삼키고 산을 넘어가면 어쩌누,

나는 두 눈을 질끈 감았다

진달래 밭에 자꾸 눈이 간다

강물이 낮은 곳으로 더 낮게 흘러갔다

은하수를 건너던 별이 앞산 너머로 떨어졌다

—「진달래 밭에 자꾸 눈이 간다」 전문

부모와의 기억을 소환할 때도 시인은 결핍의 현실을 날것으로 드러내지 않는다. 그녀는 감상을 최대한 절제하면서, 일화들을 자연과의 교제 속에서 재현한다. 진달래 밭에 문둥이가 산다거나, 입속으로 해가 자꾸 들어가 배가 터질 수도 있다거나, 반달이 아이를 꿀꺽 삼킬 수도 있다는 아버지의 이야기들 속에서, 인간과 자연은 "경계를 넘어 간극을 메우며"(레슬리 피들러; L. Fiedler) 소통한다. 시인은 인간의 이야기를 할 때조차도, 이렇게 항상 자연이라는 거대한 유기체 안에 인간을 집어넣는다. 시인에게 있어서 인간의 자리는 저 푸르른 자연의 속이지 그 위도 아래도 아니다.

물을 꺾어 놓은 연밭에 갔습니다
꺾인 물이 꺾어진 그림자를 보고 있습니다
오후의 햇살이 구름 몇 점 데리고
연밭에 어룽거립니다

하트 모양으로 죽은 연들이
칼 모양으로 날 선 연들이
검게 죽은 연들이
각자 제 몸만 한 그림자를 지니고 있었습니다

꺾인 자의 그림자는 꺾여 있고
휘어진 연줄기의 그림자는 휘어져 있었습니다

하트는 그림자도 사랑입니까
칼의 그림자에도 베입니까
노래의 그림자는 눈물입니까

나는 죽은 연들의 그림자에서
사랑도 눈물도 보지 못하고
다만 연밭으로 끝없이 흘러드는 구름과
휘적이는 바람만 보았습니다

노을이 연밭으로 스며들자
꺾이고 휘어진 것들의 막이 내리고
연밭은 칠흑 속에 차갑게 닫혔습니다
별이 내려오는 시간이었습니다

그 모두가 한통속이었습니다

—「연밭에서」 전문

이 작품은 마치 이현복의 시세계를 압축해놓은 것 같다. 무성했던 연잎들이 진 연못은 꺾어지고, 날이 서고, 휘어진, 죽은 연들의 그림자로 가득하다. 사랑과 노래와 눈물과 칼로 무성했던 한 판의 생이 마침내 장엄한 최후를 맞이한 자리에서 시인은 "그 모두가 한통속"이었다고 말한다. 인간과 자연은 이렇게 하나의 문법 안에 존재한다. 이 시집엔 이렇게 "한통속"인 것들의 아름답고, 슬프며, 행복하고, 처연한 서사들이 가득하다.

문학의전당 시인선 347

꽃과 밥 사이

ⓒ 이현복

초판 1쇄 인쇄 2021년 11월 22일
초판 1쇄 발행 2021년 11월 29일
지은이 이현복
펴낸이 고영
디자인 헤이존
펴낸곳 문학의전당
출판등록 제448-251002012000043호
주소 충북 단양군 적성면 도곡파랑로 178
전화 043-421-1977
전자우편 sbpoem@naver.com

ISBN 979-11-5896-536-5 03810

*이 시집은 충청북도, 충북문화재단의 후원으로 문화예술육성지원사업의 지원을 받아 제작되었습니다.